Go Wild

DIE WILDNIS RUFT

Chris Oxlade
Illustriert von Eva Sassin

Pattloch*

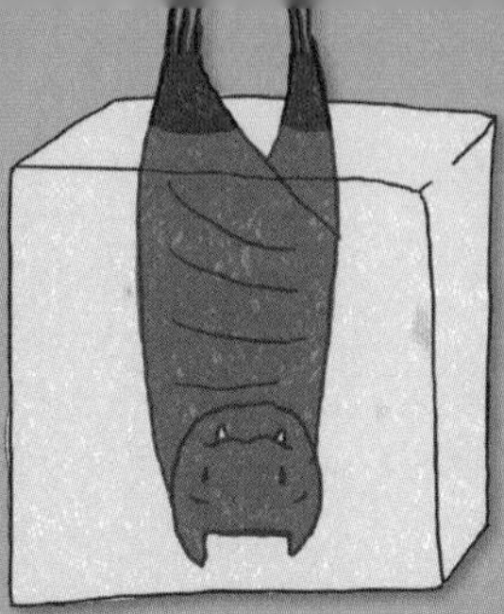

INHALT

AB NACH DRAUßEN

Wo kann man die tollsten Dinge erleben? Draußen! Na klar! Also nichts wie raus. Werde ein richtiger Abenteurer und lerne, wie du in der Wildnis überlebst.

Draußen kannst du all die tollen Sachen ausprobieren, die dir in diesem Buch gezeigt werden.

Auch wenn du mitten in der Stadt wohnst, kannst du in eurem Garten, in einem nahe gelegenen Wald oder Park spannende Abenteuer erleben.

Alles, was du für das Überleben in der Natur brauchst, lernst du hier: einen Unterschlupf bauen, Feuer machen, Trinkwasser finden und Notrufsignale senden.

SICHERHEITSREGELN IN DER NATUR

Unternimm nichts, ohne vorher deine Eltern zu informieren. Besprich dich mit deinen Eltern, bevor du etwas aus diesem Buch nachbaust. Besondere Vorsicht ist geboten bei Unternehmungen, die am, auf oder im Wasser stattfinden.

UMWELTSCHUTZ

Wenn du dich in der Natur aufhältst, geh bitte immer sorgsam mit ihr um. Das bedeutet:

Du beschädigst keine Bäume und Sträucher. Es sei denn, du bist in einer Notsituation.

Wenn du ein Feuer machst, pass auf, dass es sich nicht ausbreitet und du es vollständig löschst.

NOTFALL-AUSRÜSTUNG

ALLES, WAS MAN IN DER WILDNIS BRAUCHT

Die Natur ist unberechenbar, deshalb solltest du immer eine Notfall-Ausrüstung in deinem Rucksack dabeihaben. Vieles davon brauchst du, damit du in der Wildnis überlebst.

Stelle dir eine Notfall-Ausrüstung zusammen

Diese Dinge gehören unbedingt in ein echtes Überlebens-Paket:

energiereiche Notfallnahrung wie z. B. Schokolade, Nüsse oder Müsliriegel

wasserdichte Metall- oder Plastikbox, um die Notfall-Ausrüstung wasser- und bruchsicher aufzubewahren

Trillerpfeife

kleiner Erste-Hilfe-Kasten
mit Verbandsmaterial, Schere
und vielem mehr

bruchfester
Taschenspiegel

dünnes, reißfestes
Nylonseil (2–3 m)

Taschenmesser mit vielen Funktionen und Werkzeugen

Notizblock und wasserfester Stift

leichter Kompass

Zündstein und Schaber zum Feuermachen

Rettungsdecke aus Thermomaterial, um nicht auszukühlen

wasserfeste
Zündhölzer

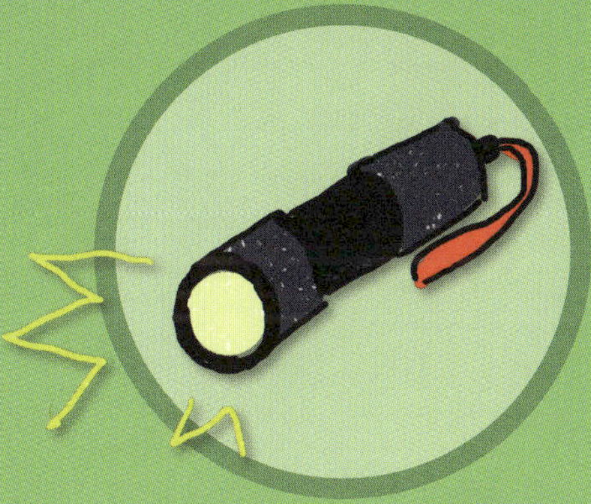

leistungsstarke
Taschenlampe mit
Ersatzbatterien

Angelschnur (2–3 m)
und kleine Angelhaken

VERHALTEN IM NOTFALL

Falls ein Notfall eintritt, dann reagiere auf keinen Fall panisch, sondern:

* Bleib so ruhig wie möglich
* Atme ganz tief ein und aus
* Überlege, was als Erstes zu tun ist
* Leiste, falls nötig, Erste Hilfe, oder hole so schnell wie möglich Hilfe
* Gib niemals auf!

EINEN SCHUTZ BAUEN

ANLEITUNG FÜR UNTERSCHLÜPFE

In der freien Natur bist du dem Wetter voll und ganz ausgeliefert. Bei Wind und Regen wirst du nass und kühlst aus, bei starkem Sonnenschein kannst du dir die Haut verbrennen. Ein selbst gebauter Unterschlupf kann dich vor extremem Wetter schützen und dir auch wilde Tiere vom Leib halten.

Biber-Bau

Der einfachste von allen ...

1. Du brauchst dafür einen Baum mit einer Astgabel in ca. 1 m Höhe.

2. Suche dir einen ca. 2,5 m langen Stock, dessen eines Stockende du in die Astgabel legst. Damit erhältst du das Grundgerüst für den Biber-Bau.

DIE RICHTIGE STELLE FÜR EINEN UNTERSCHLUPF

Wenn du einen Platz aussuchst, meide vor allem ungeschützte, windige Orte, Uferbereiche oder Höhlen, die bei sehr starkem Regen überfluten könnten.

3. Für die Seitenwände lehnst du seitlich Stöcke in einem möglichst großen Winkel an der Querstange an.

4. Lege stark belaubte Äste und zusätzliches Laub darüber, um die Wände abzudichten.

5. Verteile trockene Blätter auf dem Boden des Biber-Baus. Dann hast du es bequemer, trockener und wärmer.

6. Nun kannst du vorsichtig – mit den Füßen voran – in deinen selbst gebauten Unterschlupf robben.

Unterschlupf mit A-Rahmen

Wenn es keinen geeigneten Baum für einen Biber-Bau geben sollte, musst du selbst einen Grundpfeiler für den Unterschlupf aufstellen.

1. Schlinge das Ende deines Nylonseils an einen 1,5 m langen Stock, so dass das eine Stockende 25 cm übersteht. Verwende dabei, wie hier zu sehen, den Webleinstek-Knoten.

2. Lege einen zweiten Stock daneben.

3. Wickle das Nylonseil ungefähr 10-mal um beide Stöcke herum, aber nicht zu fest.

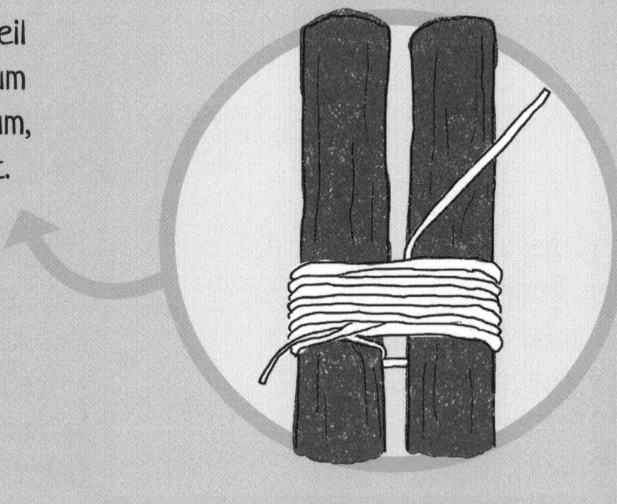

4. Führe dann das Seil zweimal zwischen den beiden Stöcken hindurch und ziehe es fest.

5. Verknote das Seilende am zweiten Stock auch mit einem Webleinstek.

6. Fertig! Jetzt musst du die Stöcke nur noch wie A auseinanderziehen und aufstellen.

COOLE IGLUS

ANLEITUNG FÜR UNTERSCHLÜPFE AUS SCHNEE

Wenn es draußen schneit, kannst du einen windgeschützten Unterschlupf oder ein Iglu aus Schnee bauen. Das ist natürlich sehr anstrengend und dauert außerdem lange, aber es ist alle Mühe wert. Iglus dienen seit vielen Jahrhunderten den Menschen, die in der Arktis leben, als Behausung.

Anleitung für einen Windschutz aus Schnee

1. Mit Hilfe einer rechteckigen Plastikbox stellst du die einzelnen Schneeblöcke her. Fülle dafür die Box jeweils randvoll mit Schnee und tritt ihn fest, damit der Schnee einen stabilen Block ergibt und gut aneinander haftet.

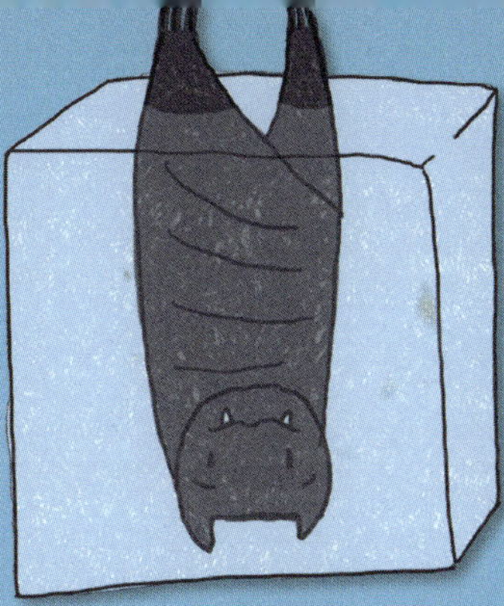

2. Lege die Schneeblöcke in einem Halbkreis nebeneinander.

3. Schichte so eine Reihe über die andere, bis du eine schützende Schneewand gebaut hast. Stopfe eventuelle Löcher in der Wand mit Schnee aus.

Anleitung für ein Iglu

1. Ziehe einen Kreis von 1 m Durchmesser in den Schnee.

2. Stelle Schneeblöcke her (siehe Seite 12, Punkt 1) und schichte die ersten Reihen deiner Schneewand auf den gezogenen Kreis übereinander. Lass eine Lücke für den Eingang.

3. Die Wände des Iglus müssen sich nun rundherum immer weiter nach innen neigen. Lass dir bei dieser schwierigen Arbeit am besten von einem Freund oder einer Freundin helfen.

SICHERE NUTZUNG VON IGLUS

Bau das Iglu nicht zu groß – die Schneeblöcke sind ziemlich schwer und sollten auf keinen Fall über dir zusammenbrechen!

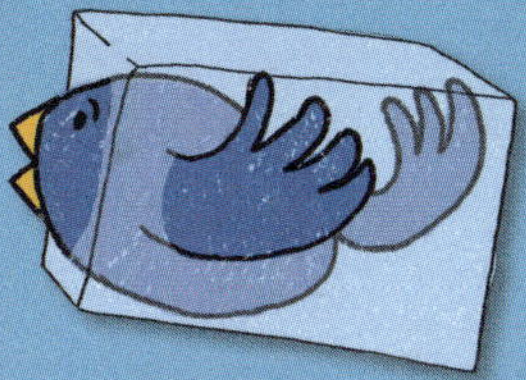

4. Um das Dach zu schließen, formst du einen Deckel aus Schnee und setzt ihn obenauf. Dann fülle eventuell vorhandene Löcher in der Igluwand mit Schnee auf.

5. Den Eingang kannst du durch einen Rundbogen verschönern.

SO WIRD EIN FEUER GEMACHT

Ein Feuer kann dir in der Wildnis das Leben retten: Es wärmt dich, dient als Kochstelle, spendet Licht und schreckt wilde Tiere ab. Du brauchst drei Dinge, um ein Feuer anzuzünden: Brennmaterial, Hitze und Luft.

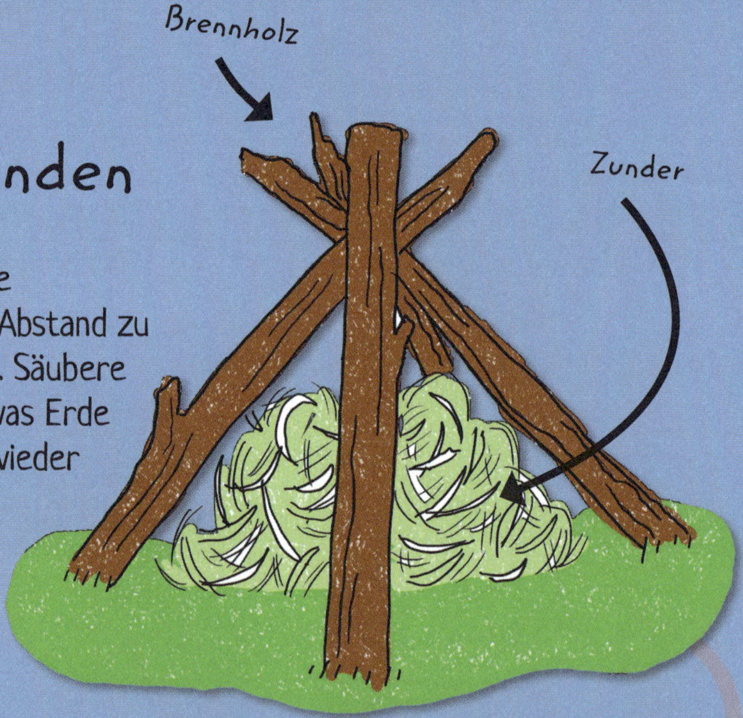

Feuer anzünden

1. Suche dir eine geeignete Feuerstelle im sicheren Abstand zu Bäumen und Sträuchern. Säubere die Stelle und trage etwas Erde ab, die du dann später wieder zurückschütten kannst.

2. Sammle Zunder sowie leichtes und schweres Brennholz (siehe Kasten Seite 18).

3. Häufe ein Feuernest – auch Zunder genannt – aus Rinde und Zweigen, Gras oder Moos auf. Damit es gut brennen kann, musst du trockenen Zunder verwenden. Dann baust du darüber leichtes Brennholz in Form eines Tipis auf.

4. Entzünde den Zunder mit einem Streichholz. Sobald der Zunder gut brennt, leg noch etwas mehr nach und dann erst das Brennholz.

5. Hab das Feuer immer im Auge und vergiss nicht Brennholz nachzulegen.

6. Das Feuer muss vollständig erloschen und die Asche vollständig ausgeglüht sein, bevor du den Ort verlässt. Beseitige deine Spuren und schütte die Feuerstelle mit der abgetragenen Erde wieder zu.

SICHERER UMGANG MIT FEUER

Bevor du ein Feuer machst, frag immer zuerst deine Eltern um Erlaubnis. Entzünde kein Feuer, wenn es längere Zeit nicht geregnet hat und die Natur ganz ausgetrocknet ist. Du solltest dein Feuer jederzeit unter Kontrolle haben.

Feder-Stöcke schnitzen

Schnitze sogenannte Feder-Stöcke, wenn du kein leichtes Brennholz findest, um dein Feuer zu entfachen.

1. Suche einen trockenen Stock von ca. 1 cm Durchmesser und schäle mit deinem Taschenmesser Teile der Rinde ab, bis der Ast viele kleine abstehende „Federn“ hat. Diese Feder-Stöcke brennen leichter.

2. Bearbeite gleich mehrere Stöcke auf diese Weise. So hast du einen Vorrat, wenn du wieder ein Feuer machen willst.

HINWEIS
Lies zuerst die Sicherheitsregeln für Messer auf Seite 22 durch.

BRENNMATERIAL

Um ein Feuer zu entfachen, brauchst du:

Zunder — wie z. B. Rinde, Zweige, trockenes Moos oder Gras

leichtes Brennholz — wie z. B. dünne Äste oder Holzstücke

schweres Brennholz — wie z. B. dicke Äste, Stöcke oder Holzscheite

Feuer machen ohne Streichhölzer

Hilfe, die Streichhölzer sind nass geworden. Keine Panik, denn du kannst ein Feuer auch ohne Streichhölzer anzünden.

1. Du brauchst einen Zündstein aus Magnesium und einen Schaber aus Metall.

2. Um den Zunder mit Zündstein und Schaber zum Brennen zu bringen, stecke den Zündstein leicht schräg in das Zundernest und reibe so lange mit dem Schaber über den Zündstein, bis genügend Funken sprühen, so dass eine Glut im Nest entsteht.

3. Wenn das Zundernest leichten Rauch entwickelt, blase vorsichtig hinein, um die Flammen zu entfachen. Erst dann kannst du dünne Äste und Holzstücke darauflegen.

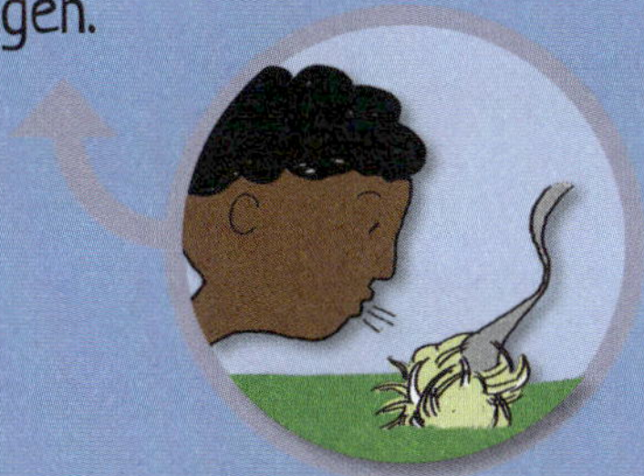

4. An heißen Sommertagen kannst du ein Feuer auch mit einem Brennglas und der Sonne entfachen. Du bündelst die Sonnenstrahlen in deinem Glas, bis das Zundernest schwelt, dann blase ganz vorsichtig, bis erste Flammen auflodern.

Feuer durch Reibung

Diese Methode des Feuermachens wurde vor tausenden von Jahren entwickelt. Sie ist nicht so einfach, aber versuche es trotzdem.

1. Fertige dir einen Feuerbohrer aus einem geraden Stock, der ca. 50 cm lang ist. Spitze ein Ende des Stocks an, das andere Ende rundest du ab.

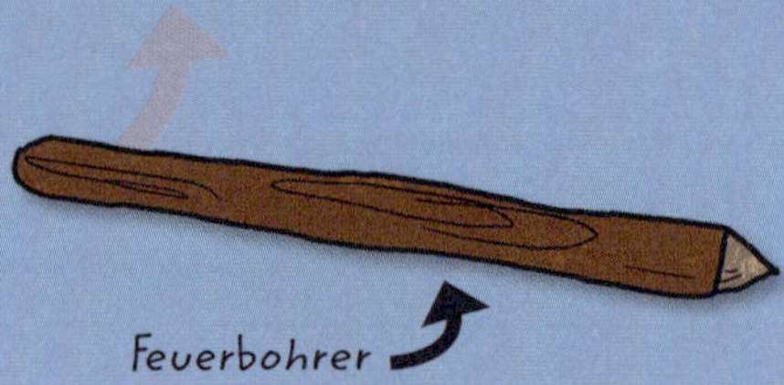

2. Bau dir einen Bogen aus einem gebogenen Ast und einer Nylonschnur oder einer anderen starken Schnur. Die Schnur sollte gespannt, aber nicht zu stramm sein.

3. Schnitze eine dreieckige Kerbe von 2 cm Tiefe seitlich in ein Holzbrett.

4. Wickle deine Bogenschnur einmal um den Feuerbohrer herum. Platziere das spitze Ende des Feuerbohrers in die Kerbe des Holzbretts.

5. Mit einem flachen Stein, der eine kleine Mulde hat, hältst du den Feuerbohrer in seiner Position fest.

6. Bereit zum Feuerentfachen? Nun zieh den Bogen schnell hin und her, so dass sich der Bohrer schnell vor und zurück dreht. Nach einer Weile bildet sich eine leichte Brandstelle und schwarzes Pulver rieselt durch die Kerbe nach unten.

7. Bewege den Bogen nun immer schneller hin und her, bis es unter dem Bohrer anfängt zu qualmen. Mach so lange weiter, bis sich in dem schwarzen Pulver Glut entwickelt.

8. Entferne vorsichtig das Holzbrett und lege Zunder zur glimmenden Glut. Jetzt puste sachte, um Flammen zu entfachen.

SCHNITZEN

UMGANG MIT DEM MESSER

Draußen in der Natur brauchst du oft ein Messer, um nützliche Dinge herzustellen. Deshalb ist es sehr wichtig, gewisse Schnitztechniken zu beherrschen.

Taschenmesser

Messer mit fester Klinge

SICHERHEITSREGELN FÜR MESSER

Für manche Anleitungen in diesem Buch brauchst du ein Messer.
Du solltest im Umgang damit Folgendes beachten:

- zuerst deine Eltern fragen
- das Messer fest in der Hand halten
- vom Körper abgewandt schneiden, niemals Richtung Arm oder Bein
- dein Messer eingeklappt an einem sicheren Ort aufbewahren, wenn du es nicht verwendest
- deine Eltern fragen, was beim Benutzen von Messern zu beachten ist

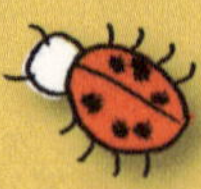

Der sichere Umgang mit dem Messer

1. So hältst du dein Taschenmesser richtig (siehe Abbildung). Der Vorhandgriff ist der beste Griff, um von oben nach unten zu schnitzen.

2. Setz dich zum Schnitzen immer auf einen stabilen Untergrund. Halte das Messer und den Stock stets vom Körper weg. Vergiss nicht nach dem Schnitzen, die Klinge sicher einzuklappen oder in eine Messertasche zu stecken..

3. Lege deinen Stock auf einen Baumstamm oder ein Holzbrett, wenn du tiefe Schnitte oder hartes Holz schneiden möchtest.

Einen Wanderstock schnitzen

1. Suche einen ca. 2 cm dicken und ca. 1,5 m langen Ast. Bitte deine Eltern, dir einen Ast zurechtzuschneiden, falls du keinen geeigneten findest.

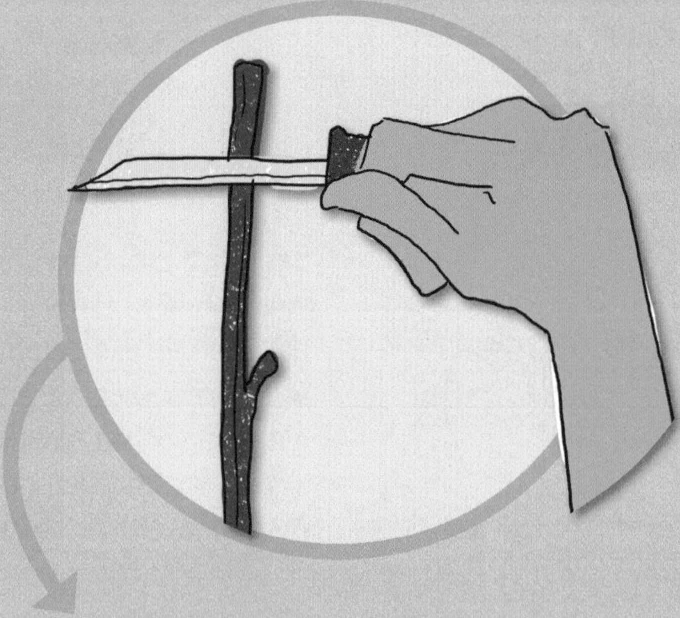

2. Das eine Stockende spitzt du mit dem Messer an. Mach dafür nach und nach lieber viele kleine anstatt wenige große Schnitte.

3. Am anderen Stockende schnitzt du eine glatte, abgerundete Fläche. Auch hier wieder besser mit vielen kleinen Schnitten arbeiten.

4. Verzier nun deinen Stock mit kleinen Kerben. Eine Kerbe schnitzt du, indem du deinen Wanderstock auf einem Baumstamm oder Holzbrett ablegst und erst von links einen spitz zulaufenden Schnitt machst und dann von rechts. Entferne die entstandenen Holzspäne.

TRINKWASSER GEWINNEN

NATÜRLICHE WASSERQUELLEN

Ohne Wasser kannst du nicht überleben. Falls deine Vorräte aufgebraucht sind und kein Fluss oder Bach in der Nähe ist, musst du wissen, wie du deinen Durst stillst.

SICHERHEITSREGEL FÜR WASSER

In der freien Natur darfst du nur Wasser trinken, das du vorher sterilisiert hast (mit speziellen Tabletten oder durch Abkochen). Trink niemals Salzwasser oder deinen eigenen Urin.

Trinkwasser von Blättern

Du kannst das Wasser sammeln, das aus Blättern und Pflanzen verdunstet.

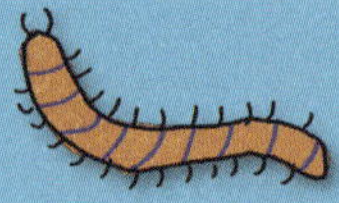

Vor dem Sterilisieren unbedingt das Ungeziefer entfernen!

1. Binde vorsichtig eine Plastiktüte um einen Ast von einem Baum oder einem Strauch. Verknote dann die Tüte.
2. Dann musst du geduldig warten. Nach ein paar Stunden sollte sich Wasser am Tütenboden gesammelt haben.

Trinkwasser von Gräsern

Frühmorgens kannst du Tau von den Gräsern aufnehmen, indem du Tücher um deine Waden wickelst. Danach wringst du die Tücher aus und gewinnst so Wasser.

Trinkwasser durch Sonnenstrahlung

Die Sonne selbst produziert natürlich kein Wasser, aber durch Sonnenenergie kann Wasser gewonnen werden!

1. Suche dir einen sonnigen Platz und grabe ein ca. 30 cm tiefes Loch in den Erdboden. Stelle ein Auffanggefäß in die Mitte des Lochs.
2. Decke das Loch mit einer Plastikfolie ab, die du an den Rändern mit Steinen beschwerst. In die Mitte der Folie – genau über den Behälter – legst du einen kleinen Stein, damit sich die Plane leicht nach unten neigt. Doch bevor du alles abdeckst, leg noch einige frische grüne Blätter um dein Gefäß herum.
3. Warte einige Stunden! Dann schau in deinem Behälter nach: Hat sich Wasser darin gesammelt?

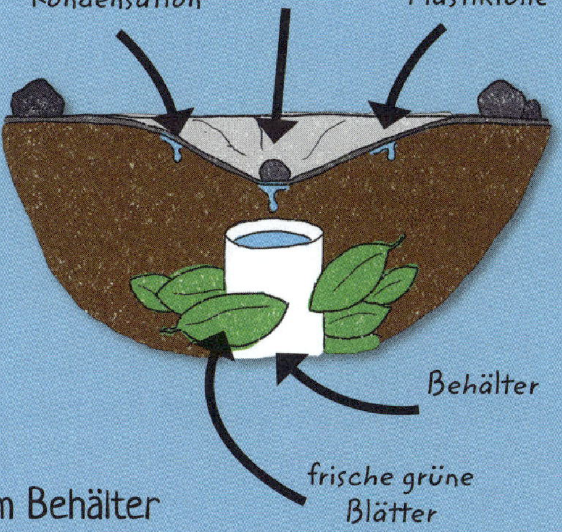

Regenwasser auffangen

Befestige die Ecken einer Plastikplane an zwei Stöcken, eine Seite der Plane muss tiefer hängen als die andere. Wenn es regnet, wird Wasser von der Plane tropfen, das du in einem Behälter auffangen kannst.

AUF DIE JAGD GEHEN

JAGEN UND FISCHEN

Du kannst einen Unterschlupf bauen, Wasser auffangen und ein Feuer machen. Jetzt brauchst du nur noch etwas zu essen! Bitte fang keine Tiere, wenn du sie nicht wirklich dringend in einer Notsituation als Nahrung brauchst.

ACHTUNG, UNGENIEßBAR!

Jeder von uns hat schon mal im Fernsehen gesehen oder zumindest davon gehört, dass Menschen in einer extremen Notsituation rohen Fisch, lebende Käfer oder eklige Insekten verspeist haben. Mach dies bitte nicht nach und iss auch niemals Tiere von intensiv leuchtender Farbe, wie z. B. diesen abgebildeten Frosch, der höchstwahrscheinlich giftig ist!

Iss mich nicht! Ich bin giftig!

Anleitung für eine Fischfalle

1. Schneide den Flaschenhals von einer Plastikflasche ab.

2. Stecke den Flaschenhals (ohne Verschluss) mit der Öffnung nach unten in den Flaschenkörper.

3. Leg nun einen Köder, wie z. B. Würmer oder Essensreste, in die Flasche.

4. Tauche die Flasche für einige Stunden in einen Fluss oder einen Bach unter Wasser. Dann schau nach! Und, was gefangen?

Anleitung für eine Schleuder

In einer extremen Notsituation kannst du mit der Schleuder ein Tier erlegen. Ziele ansonsten niemals damit auf Tiere und auf Menschen sowieso nicht.

1. Suche dir einen Ast, der mindestens 1 cm Durchmesser hat und Y-förmig ist. Mit einem Messer oder einer Säge kürzt du die Astenden, so dass deine Schleuder ca. 20 cm misst.

2. Schnitze in die beiden Gabelenden jeweils eine Kerbe, etwa 2 cm vom jeweiligen Astende entfernt.

3. Schneide ein Stück Gummi oder Leder von 12 cm Länge und 4 cm Breite zurecht und loche das Rechteck 2 cm von den Rändern entfernt.

4. Du brauchst nun ein ca. 60 cm langes Gummiband, das du durch die beiden Löcher fädelst.

5. Verknote die Enden der Bänder fest um die jeweiligen Astkerben.

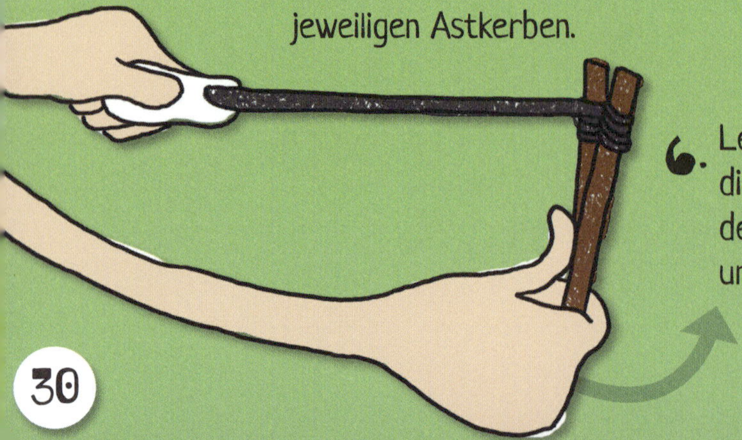

6. Lege einen kleinen Stein in die Mitte des Gummis, spanne deine Schleuder, ziel genau und schieß!

Mit Spucke Fische fangen

1. Du stehst im Wasser und spuckst hinein.
2. Wenn ein Fisch nach deiner Spucke schnappen will, versuche ihn geschickt mithilfe deines T-Shirts einzufangen.

WENN DU EINEN FISCH AN DER ANGEL HAST ...

Bleib ganz ruhig! Befeuchte deine Hände und fass den Fisch mit sicherem Griff, aber nicht zu fest. Befrei ihn vorsichtig vom Haken und wirf ihn zurück ins Wasser, falls du gerade nicht in einer echten Notsituation bist.

SICHERHEITSREGELN FÜR DAS ANGELN

Beachte die Regeln und geh immer unter Aufsicht eines Erwachsenen angeln. Angle nie an Stellen, wo du in tiefes, kaltes oder schnell strömendes Wasser fallen könntest. Sei vorsichtig mit scharfen Angelhaken. Verwende am besten nur Haken ohne spitzen Draht, du bekommst sie einfacher und schmerzfreier aus Fischmäulern und auch aus deinen Fingern. Informiere dich, ob du an deiner ausgesuchten Stelle ohne Lizenz angeln darfst.

Ob er sich das gut überlegt hat?

Anleitung für eine Angelrute

1. Suche dir einen biegsamen Stock von mindestens 2 m Länge. Am besten geeignet ist ein frisch geschnittener Bambusstab. Schnitze eine kleine Kerbe ans dünnere Stockende.

2. Verknote eine lange Schnur von mindestens 2 m Länge um die geschnitzte Kerbe herum.

3. Am Schnurende verknote wiederum eine 2 m lange Angelschnur, indem du an das erste Schnurende eine Schlaufe knotest und daran die Angelschnur befestigst.

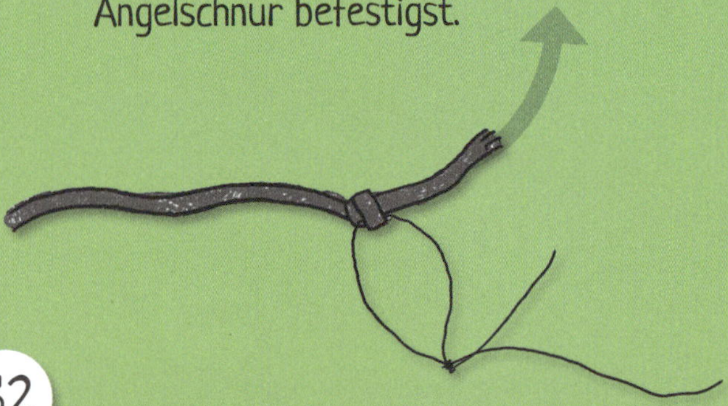

4. Mit einem Blutknoten (siehe Abbildung) befestigst du den Angelhaken.

5. Keine Sorge! Wenn du weder eine Angelschnur noch einen Haken hast, kannst du auch aus Heftklammern einen Angelhaken zurechtbiegen oder von einem Dornenbusch einen besonders langen Dorn an die Schnur knoten.

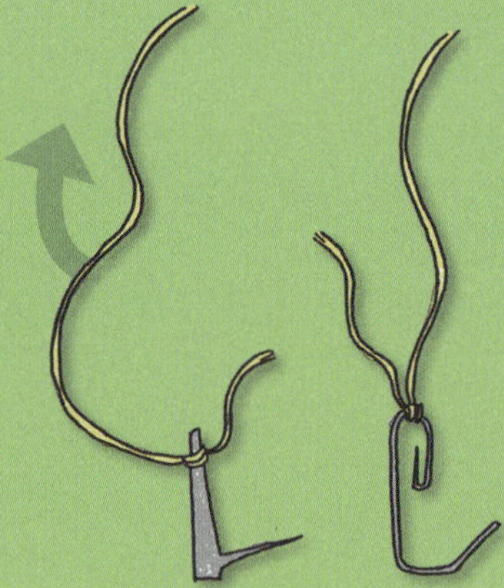

6. Ein Baumwollfaden, eine Wäscheleine oder sogar Schnürsenkel sind auch als Angelschnur geeignet.

7. Als Köder kannst du Essensreste nehmen oder Blätter so falten, dass sie wie kleine Fische aussehen.

8. Wirf deine Angel aus und warte. Wenn die Leine zuckt, zieh sie schnell straff, damit der Fisch am Haken bleibt.

Mit bloßer Hand Fische fangen

1. Stell dich ganz ruhig ins knietiefe Wasser (etwa 30 cm tief). Halte deine Hände griffbereit dicht über die Wasseroberfläche.

2. Warte, bis sich ein Fisch nähert, dann führe deine Hände ganz langsam direkt über den Fisch und schnappe blitzschnell zu!

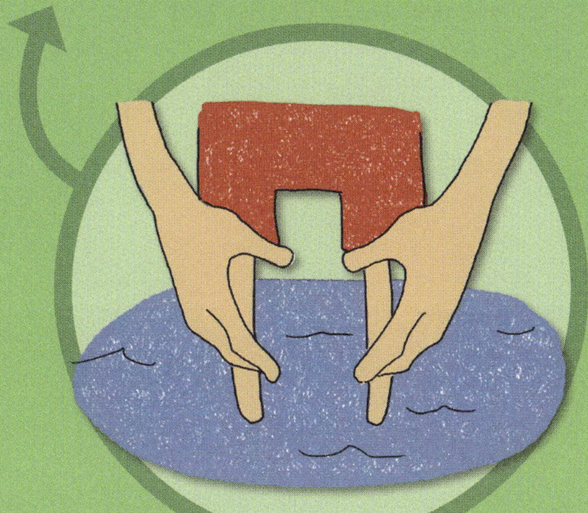

NAHRUNGSSUCHE

Die freie Natur bietet nicht nur Fische und Tiere als Nahrung, sondern auch essbare Pflanzen. Und die lassen sich viel leichter fangen. Leckere Beeren, Nüsse und essbare Blätter warten auf dich!

SICHERHEITSREGELN FÜR DIE NAHRUNGSSUCHE

Ohne die Erlaubnis eines Erwachsenen solltest du nie eine unbekannte Pflanze essen. Viele Pflanzen sind harmlos und essbar, aber es gibt genauso viele, die giftig und somit ungenießbar sind. Viele Pilzsorten sind besonders giftig. Geh nur in Begleitung eines Erwachsenen Pilze sammeln.

Das Sammeln von Beeren und Nüssen

Beeren und Nüsse sind gute Energiequellen.

1. Brombeeren, Heidelbeeren und Himbeeren sind alle genießbar und auch noch besonders lecker. Du kannst sie pur essen oder über dem offenen Feuer in einem Topf erhitzen.

2. Sammle Nüsse, z. B. Haselnüsse, oder Esskastanien, die roh gegessen werden können. Auch Eicheln sind essbar, sollten aber längere Zeit im Wasser kochen, damit sie ihren bitteren Geschmack verlieren.

Blätter sammeln

Dir kommt es vielleicht komisch vor, Blätter zu essen, aber viele Kräuter und Salatsorten sind im Grunde auch nur Blätter. In der Natur findest du ähnlich genießbare Sorten von Blättern.

1. Suche nach Löwenzahn, Sauerampfer und Brennnesseln. Wasserkresse findest du insbesondere in Flussnähe.

2. Aus Brennnesselblättern kannst du einen köstlichen Tee zubereiten. Zieh Handschuhe an und pflücke junge Brennnesselblätter. Säubere die Blätter mit frischem Wasser.

3. Gib die Blätter in einen Topf mit heißem Wasser, in dem du sie einige Minuten kochen lässt, bis sich das Wasser leicht grünlich färbt. Lass den Tee etwas abkühlen, bevor du ihn trinkst. Sei unbesorgt, diese Brennnesseln können dich nicht mehr brennen!

DRAUßEN KOCHEN

GAREN ÜBER OFFENEM FEUER

Wenn du etwas Essbares in der Wildnis gefunden hast, mache ein Feuer (siehe Seite 16) und erwärme das Essen. Damit du das Kochen über offenem Feuer lernst, übe anhand der folgenden Beispiele.

Anleitung für einen Topfhalter

So kannst du einen Topf über ein Feuer hängen, um Wasser darin zu sterilisieren.

1. Suche einen Stock mit Astgabel, kürze eventuell die Enden. Spitze das einfache Ende an, um es fest in den Boden rammen zu können.

2. Stecke den Stock mit der Astgabel nun in die Nähe deines Feuers fest in den Boden. Achtung! Nicht zu nah, so dass der Stock kein Feuer fängt.

3. Suche einen 1,5 m langen Stock. Schneide kleinere Äste ab und ritze eine tiefe Kerbe etwa 2 cm vom Stockende entfernt ein.

4. Platziere nun den langen Stock mittig auf die Astgabel, so dass ein Ende den Boden berührt und das andere über dem Feuer schwebt. Achtung! Das Stockende darf nicht zu nah am Feuer sein. Stabilisiere das Stockende am Boden mit Steinen oder Holzscheiten.

5. Hänge den Topf in die eingeritzte Kerbe. Bewache das Feuer gut!

So kannst du Brennnesseltee kochen!
(Siehe Seite 35)

Garen mit Alufolie

Kartoffeln und andere Gemüse kannst du in Folie eingewickelt im Feuer garen.

1. Wickle deine Kartoffeln, Pastinaken oder Rübenstücke in Alufolie ein und lege sie vorsichtig in die Mitte deines Feuers. Aber verbrenn dir dabei nicht die Finger!

2. Lass das eingewickelte Gemüse 30 Minuten im Feuer. Mit einem langen Stock kannst du es dann vorsichtig aus dem Feuer rollen. Ein Erwachsener soll es für dich aus der heißen Folie auspacken.

Anleitung für einen Spieß

Lebensmittel, die du aufspießen kannst, werden über dem offenen Feuer gegart. Dazu gehören auch Marshmallows, Würstchen und Gemüse.

1. Baue dir einen Topfhalter wie auf Seite 36 beschrieben.

2. Schnitze dir Spieße aus grünen, dünnen Stöcken, von denen du die Rinde entfernst.

3. Befestige einen Spieß an dem langen Stock, den du über die Astgabel legst. Stecke dein Essen nun auf den Spieß und lege den langen Stock auf der Astgabel ab, so dass der Spieß über dem Feuer schwebt.

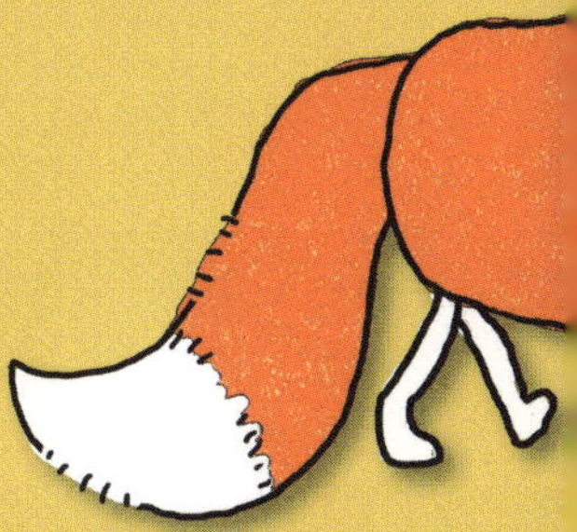

SOS!

HILFE HOLEN

Wenn dir in der Wildnis etwas zustößt, musst du wissen, wie du Hilfe holen kannst. Denk daran, dass dein Handy nicht überall Empfang hat oder es vielleicht nicht funktioniert. Verwende nur im echten Notfall die Signale.

Feuersignale

Nachts alarmieren helle Flammen die Rettungskräfte, während es tagsüber Rauch ist. Entzünde dein Feuer an einer freien Stelle auf einer Anhebung.

1. Zuerst sammelst du das gesamte Brennmaterial, das du für dein Feuer benötigst, dann baust du dein Feuer auf, so dass du es nur noch zum richtigen Moment entzünden musst.

2. Sei wachsam und entzünde dein Feuer erst, wenn Hilfe in Sicht ist. Tagsüber musst du Rauch aufsteigen lassen, indem du Äste mit frischen grünen Blättern auf dein Feuer legst.

3. Vergiss nicht, dein Feuer zu löschen, nachdem Hilfe eingetroffen ist.

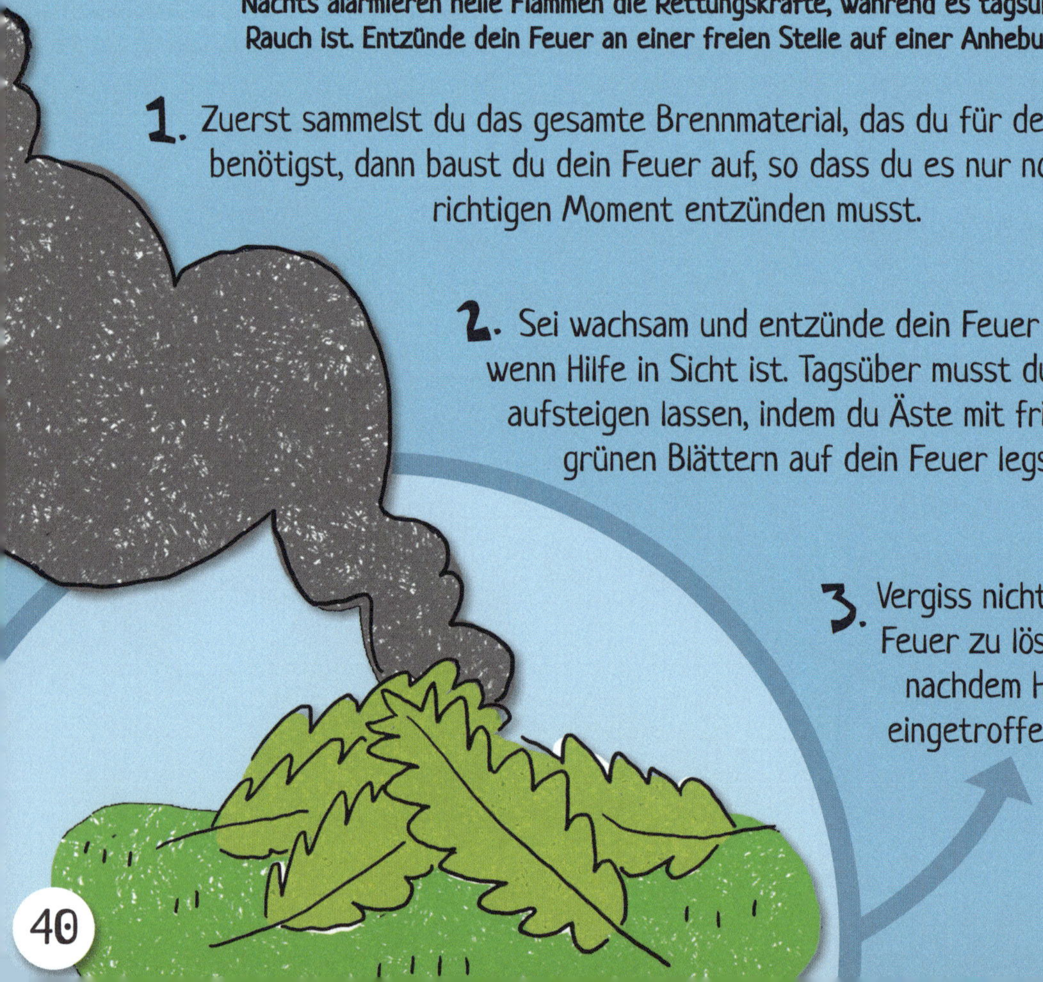

Anleitung für einen Heliografen

Du brauchst einen Spiegel, mithilfe dessen du Sonnenlicht reflektieren kannst, um Signale zu senden. Aus dem simplen Spiegel wird so ein Heliograf.

1. Halte deinen Heliografen so, dass er Sonnenlicht reflektiert (es funktioniert auch mit einer Blechdose oder einer Brille). Versuche den Sonnenstrahl mal nach links und rechts sowie nach oben und unten zu senden.

2. Um SOS zu signalisieren, musst du drei kurze Lichtzeichen, drei lange und dann wieder drei kurze aussenden.

Bodensignale

Lege Holzstücke und Äste so aneinander, dass Bodensignale entstehen, die aus der Luft gut zu sehen sind.

1. Suche dir eine freie Stelle, die aus der Luft gut sichtbar ist.

2. Lege nun so groß wie möglich blattfreie Äste zu Signalen zusammen, oder stapfe Löcher in den Schnee, die ein Signal ergeben.

BODEN-LUFT-SIGNALE

I = Schwer verletzt
F = Brauche Wasser und Nahrung
A = Ja
N = Nein
X = Kann nicht gehen
→ = In diese Richtung gehen
LL = Alles in Ordnung

HÄTTEST DU'S GEWUSST?

- Menschen haben das Feuermachen vor über einer Million Jahre entdeckt. Erste Spuren vom Feuermachen wurden in einer Höhle in Südafrika entdeckt.
- Aus Eis kannst du Feuer machen! Es geht ganz einfach. Du brauchst ein Stück glasklares Eis, das du in eine konvexe Linse formst, um so das Sonnenlicht auf den Zunder zu lenken.
- Auch mit einer einfachen Getränkedose kannst du ein Feuer entfachen. Du musst die untere Seite so ins Sonnenlicht halten, dass sie die Sonnenstrahlen auf den Zunder reflektiert.
- Kennst du das Feuerdreieck? Es besteht aus den drei Dingen, die du für ein Feuer benötigst: Brennmaterial, Sauerstoff (aus der Luft) und Hitze.
- Vor circa 15.000 Jahren lebten Jäger und Sammler in Europa. Sie bauten sich Hütten aus Mammutknochen.
- 2011 baute eine kanadische Sportfirma das weltweit größte Iglu von 9,3 m Durchmesser, bestehend aus 2.500 Eisblöcken.

★ 2003 kletterte Aron Ralston in einem Canyon im US-Bundesstaat Utah, als er von einem großen Steinschlag eingeklemmt wurde. Tage später wurde ihm klar, dass er nur überleben würde, wenn er sich mit seinem Taschenmesser den eingequetschten Arm abschnitt. Der Film „127 Hours“ basiert auf seiner tragischen Geschichte.

★ Der britische Bergsteiger Joe Simpson stürzte beim Klettern in den Anden und brach sich ein Bein. Kurz darauf fiel er in eine Felsspalte. Trotz furchtbarer Schmerzen, Hunger und Durst gelang es ihm, aus der Spalte herauszuklettern und sich selbst zu retten. Er brauchte volle 4 Tage dafür.

★ 1704 wurde der Schotte Alexander Selkirk auf einer einsamen Insel im Pazifik ausgesetzt. Nach 4 1/2 Jahren wurde er gerettet. Die Geschichte von Robinson Crusoe basiert auf seinem Abenteuer.

★ Die Paternostererbse, die in Indien wächst, ist die giftigste Pflanze der Welt. Ihre roten und schwarzen Samen enthalten eine tödliche Substanz.

★ Du benötigst 2 Liter Wasser pro Tag, um gesund zu bleiben. Das entspricht in etwa 8 Gläsern Wasser. An heißen Tagen oder bei anstrengenden Tätigkeiten solltest du sogar mehr trinken.

★ Menschen haben ohne Wasser überlebt, weil sie ihren eigenen Urin getrunken haben. Bitte nicht nachmachen, das war eine absolute Notsituation!

★ Die Schleuder (auch Katapult genannt) wurde ein gängiges Spielzeug, als 1888 der aufblasbare Reifen erfunden wurde. Die Kinder haben die Schläuche als Schleuder benutzt.

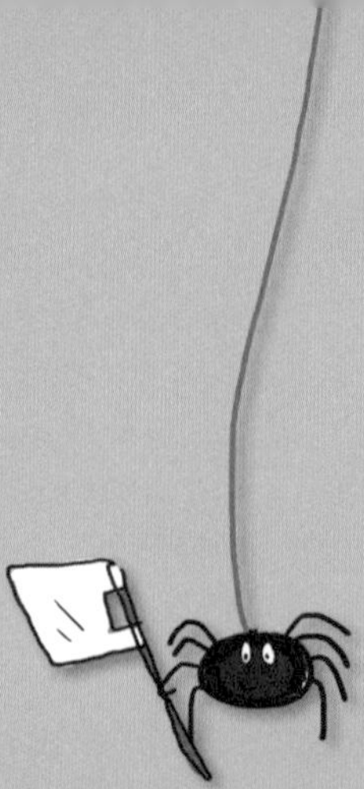

ÜBER DEN AUTOR

Chris Oxlade ist ein international erfolgreicher Sachbuchautor, der bereits über zweihundert Kindersachbücher zu vielfältigen Themen geschrieben hat. Er liebt Camping und treibt am liebsten Sport draußen in der freien Natur, wo er klettert, Hügel hinunterläuft, segelt und gerne Kajak fährt. Chris Oxlade lebt mit seiner Frau, seinen Kindern und seinen Hunden in England.

ÜBER DIE ILLUSTRATORIN

Eva Sassin ist geboren und aufgewachsen in London. Seit sie sich erinnern kann, zeichnet sie. Als selbstständige Illustratorin liebt sie es, ihre Charaktere vor ungewöhnlichen Hintergründen zu zeichnen, um ihren Figuren so mehr Tiefe und Spannung zu verleihen.

VIEL SPAß BEI DEINEN ABENTEUERN IN DER WILDNIS

wünschen dir

Ben und Willi

Titel der Originalausgabe:

Go Wild – Be a survivor

Illustrationen: Eva Sassin

Text: Chris Oxlade

Ein Imprint der Verlagsgruppe Droemer Knaur GmbH & Co. KG, München
Übersetzung aus dem Englischen: Alexandra Löhr
Lektorat: Silke Bromm, Pattloch
Satz und Layout: Julia Dudenko
Druck und Bindung: Uhl, Radolfzell
ISBN 978-3-629-14215-3
www.pattloch.de
2 4 5 3 1